はじめて読む

般若心経

監修 武山廣道（臨済宗 白林禅

はじめに

般若心経は、大変短いお経です。しかしその中には、私たちが日々心の中に置いておくべき大切な教えが込められています。

本書は、はじめての方に親しんでいただけるよう、般若心経がどのように生まれたかなどの基礎知識や般若心経の全訳、句ごとの意味をわかりやすく解説しています。また、コラムでは難しい語句について説明していますので、般若心経についての理解を深める手助けとなれば幸いです。

本書があなたの心を穏やかにし、毎日を幸せに送ることができるきっかけとなりますように。

右　観音菩薩立像・東京国立博物館
Image: TNM Image Archives
左　提供：金澤翔子／アフロ

摩《ま》訶《か》般若《はんにゃ》波《は》羅《ら》蜜《み》多《た》心経《しんぎょう》

観《かん》自《じ》在《ざい》菩《ぼ》薩《さつ》　行《ぎょう》深《じん》般若《はんにゃ》波《は》羅《ら》蜜《み》多《た》時《じ》

照《しょう》見《けん》五《ご》蘊《うん》皆《かい》空《くう》　度《ど》一切《いっさい》苦《く》厄《やく》

舎《しゃ》利《り》子《し》　色《しき》不《ふ》異《い》空《くう》　空《くう》不《ふ》異《い》色《しき》

色《しき》即《そく》是《ぜ》空《くう》　空《くう》即《そく》是《ぜ》色《しき》　受《じゅ》想《そう》行《ぎょう》識《しき》　亦《やく》復《ぶ》如《にょ》是《ぜ》

舎利子《しゃりし》　是諸法空相《ぜしょほうくうそう》
不生不滅《ふしょうふめつ》　不垢不浄《ふくふじょう》　不増不減《ふぞうふげん》
是故空中無色《ぜこくうちゅうむしき》　無受想行識《むじゅそうぎょうしき》
無眼耳鼻舌身意《むげんにびぜっしんい》
無色声香味触法《むしきしょうこうみそくほう》
無眼界《むげんかい》　乃至無意識界《ないしむいしきかい》

無無明《むむみょう》　亦無無明尽《やくむむみょうじん》　乃至無老死《ないしむろうし》　亦無老死尽《やくむろうしじん》
無苦集滅道《むくしゅうめつどう》　無智亦無得《むちやくむとく》　以無所得故《いむしょとくこ》
菩提薩埵《ぼだいさつた》　依般若波羅蜜多故《えはんにゃはらみたこ》
心無罣礙《しんむけいげ》　無罣礙故《むけいげこ》　無有恐怖《むうくふ》
遠離一切顛倒夢想《おんりいっさいてんどうむそう》　究竟涅槃《くぎょうねはん》
三世諸仏《さんぜしょぶつ》　依般若波羅蜜多故《えはんにゃはらみたこ》
得阿耨多羅三藐三菩提《とくあのくたらさんみゃくさんぼだい》

故《こ》知《ち》般若《はんにゃ》波羅蜜多《はらみた》
是《ぜ》大《だい》神《じん》呪《しゅ》　是《ぜ》大《だい》明《みょう》呪《しゅ》　是《ぜ》無《む》上《じょう》呪《しゅ》
是《ぜ》無《む》等《とう》等《どう》呪《しゅ》　能《のう》除《じょ》一切《いっさい》苦《く》　真実《しんじつ》不《ふ》虚《こ》
故《こ》説《せつ》般若《はんにゃ》波羅蜜多《はらみた》呪《しゅ》
即《そく》説《せつ》呪《しゅ》曰《わつ》　羯諦《ぎゃてい》　羯諦《ぎゃてい》　波羅《はら》羯諦《ぎゃてい》
波羅《はら》僧《そう》羯諦《ぎゃてい》　菩提《ぼじ》薩婆訶《そわか》
般若心経《はんにゃしんぎょう》

もくじ

第1章　般若心経について

般若心経とは

般若心経は日本で最も有名なお経の一つで、日蓮宗と浄土真宗をのぞく多くの宗派で読まれています。法要などで聞いたことがある人も多いのではないでしょうか。

般若心経は、古代インドの言語であるサンスクリット語で書かれた『大般若波羅蜜多経《だいはんにゃはらみたきょう》』（通称・大般若経《だいはんにゃきょう》）という経典をまとめたもので、十数種以上の漢訳があります。使われる語句や表現が異なる場合もありますが、内容にはなんら変わりはありません。

私たちがよく目にするのは、玄奘《げんじょう》によって訳された二六二文字の短いもので、正式には『摩訶般若波羅蜜多心経《まかはんにゃはらみたしんぎょう》』といいます。玄奘訳は、空海《くうかい》や最澄《さいちょう》などの日本の名僧に重視され、民衆に広まっていきました。

大乗仏教と般若心経

般若心経は、大乗《だいじょう》仏教の思想を短く説明したものです。

大乗仏教は釈迦《しゃか》入滅後、約三〇〇年を経て誕生しました。

それまでの仏教は、出家をして修行し、悟りを開くことを重視しており、民間信者からは遠い存在でした。

大乗仏教は民衆の救済を目的としていて、すべての人が乗れる（救われる）大きな乗り物という意味で、大乗仏教と呼ばれるようになりました。

大乗仏教の教えが広まると、その考えをまとめた経典が編《へん》纂《さん》されるようになりました。初期のものを『般若経《はんにゃきょう》』といいます。『般若経』は一つの経典の名前ではなく、般若波羅蜜多の教えである〝空《くう》〟の思想を説いた、いくつもの経典群の総称です。代表的なものが、玄奘《げんじょう》がインドから持ち帰った『大般若波羅《だいはんにゃはら》蜜多経《みたきょう》』です。

般若心経はどのように生まれたか

皆さんもよく知っている、西遊記という物語。これは十六世紀に、中国の呉承恩《ごしょうおん》という人物によって書かれたものです。実は、この主人公である三蔵法師のモデルになったのが、般若心経を漢訳した玄奘《げんじょう》です。三蔵とはもともと、経蔵《きょうぞう》（釈迦《しゃか》の教え）・律蔵《りつぞう》（仏教教団の規則）・論蔵《ろんぞう》（釈迦の教えに対する見解）に通じた高僧をさしましたが、のちにその中で最も功績のあった玄奘の代名詞となりました。

玄奘は六〇二年、中国に生まれ、十三歳で出家します。仏教の教えについて疑問を抱いたことをきっかけに、六二九年、国禁を犯して仏教の本場・インドへ旅立ちます。

インドまでの道のりは苦難の連続で、玄奘は危機に陥るたびに般若心経を唱え、難をのがれたといわれています。玄奘が唱えていたのは、鳩摩羅什《くまらじゅう》が訳した『摩訶般若波羅蜜大明呪経《まかはんにゃはらみつだいみょうじゅきょう》』ではないかといわれています。

苦難の末、インドにたどり着いた玄奘《げんじょう》は、マガダ国ナーランダ寺院で、仏教理論など、さまざまな学問を学びます。そして十七年に及ぶ留学生活を終え、膨大な経典とともに帰国。唐朝の皇帝・太宗《たいそう》の勅命で持ち帰った仏典の翻訳を始めます。六十二歳で亡くなるまでに、多くの経典を翻訳しました。

般若心経はその一つです。玄奘がインドから持って帰ってきた六〇〇巻にも及ぶ経典『大般若波羅蜜多経《だいはんにゃはらみたきょう》』をまとめて漢訳したもので、六四九年五月二十四日に、わずか一日で漢訳したと伝えられています。

当時、日本は遣唐使を派遣していました。その頃中国を訪れていた留学生に『般若心経』がわたり、日本に伝わったのではないかと考えられています。

どのようなことを説いているのか

般若心経は、次のように構成されています。

まずはじめに、般若心経の真髄が書かれています。「主人公である観自在菩薩《かんじざいぼさつ》（観音様）が一切の苦しみから逃れられたのは、修行を通してすべてのものが〝空《くう》〟であることに気づいたからである」と始まります。

そして、観自在菩薩が弟子である舎利子《しゃりし》に語りかけながら、般若心経の主題である「〝空〟とは何か」について説明します。最後に、〝智慧の完成〟つまり悟りの境地に達するためにはどうしたらいいかについて説いています。

これらのことを頭の片隅に置きつつ、本編を読み進めていきましょう。

第2章　般若心経を読む

摩訶般若波羅蜜多心経《まかはんにゃはらみたしんぎょう》

偉大なる〝智慧《ちえ》の完成〟の心髄となる大切な教え

観自在菩薩《かんじざいぼさつ》
行深般若波羅蜜多時《ぎょうじんはんにゃはらみたじ》
照見五蘊皆空《しょうけんごうんかいくう》
度一切苦厄《どいっさいくやく》

観自在菩薩（観音様）は、般若波羅蜜多（智慧の完成）を実践しているときに、あらゆる存在のもとである五つの要素は実体がない空《くう》であると見極めました。それによって、すべての苦しみや災厄から解き放たれたのです。

舎利子《しゃりし》

色不異空《しきふいくう》　空不異色《くうふいしき》

色即是空《しきそくぜくう》　空即是色《くうそくぜしき》

受想行識《じゅそうぎょうしき》　亦復如是《やくぶにょぜ》

シャーリプトラよ、色《しき》（形あるもの）は空《くう》と異ならず、空は色と異なりません。色はすなわち実体のない空であり、空はすなわち色なのです。感覚・知覚・意志・理解という心の四つの働きも同じです。

舎利子《しゃりし》
是諸法空相《ぜしょほうくうそう》
不生不滅《ふしょうふめつ》　不垢不浄《ふくふじょう》
不増不減《ふぞうふげん》

シャーリプトラよ、すべての存在は空なのです。ですから、生じることも、滅することもありません。汚れていることもなく、清浄であるということもありません。また、増えもしなければ減りもしないのです。

是故空中無色《ぜこくうちゅうむしき》
無受想行識《むじゅそうぎょうしき》
無眼耳鼻舌身意《むげんにびぜっしんい》
無色声香味触法《むしきしょうこうみそくほう》
無眼界《むげんかい》　乃至無意識界《ないしむいしきかい》

この世のすべてのものは空《くう》なのです。受・想・行・識という心の働きもないのです。眼・耳・鼻・舌・身・心といった感覚器官もなければ、その対象となる色・声・香り・味・体で感じること・心が感じることもありません。眼などの感覚器官から意識などの認識に至るまで、すべてがないのです。

無《む》無明《むみょう》　亦《やく》無《む》無明尽《むみょうじん》
乃至《ないし》無《む》老死《ろうし》　亦《やく》無《む》老死尽《ろうしじん》
無《む》苦集滅道《くしゅうめつどう》　無《む》智《ち》亦《やく》無《む》得《とく》
以《い》無《む》所得故《しょとくこ》

苦しみの根本となる無明はなく、無明を消すこともありません。老死もありませんし、老死を消すこともありません。苦しみも、その原因も、原因をなくすことも、そのための修行の道もありません。智慧もなければ得ることもないのです。それが悟りの境地だからです。

菩提薩埵《ぼだいさった》
依《え》般若《はんにゃ》波羅蜜多《はらみた》故《こ》
心《しん》無《む》罣礙《けいげ》　無《む》罣礙《けいげ》故《こ》
無有恐怖《むうくふ》
遠離《おんり》一切《いっさい》顛倒《てんどう》夢想《むそう》
究竟《くぎょう》涅槃《ねはん》

菩薩は、般若波羅蜜多を実践されたので、心にこだわりがなくなりました。こだわりがなくなったので、恐れがなくなったのです。

そうして、すべての間違った考えや妄想から解き放たれ、完全な心の平安に到ったのです。

三世諸仏《さんぜしょぶつ》
依般若波羅蜜多故《えはんにゃはらみたこ》
得阿耨多羅三藐三菩提《とくあのくたらさんみゃくさんぼだい》

過去・現在・未来の仏様も、般若波羅蜜多を実践されたので、この上ない偉大な悟りを得られたのです。

故《こ》知《ち》般《はん》若《にゃ》波《は》羅《ら》蜜《み》多《た》
是《ぜ》大《だい》神《じん》呪《しゅ》　是《ぜ》大《だい》明《みょう》呪《しゅ》
是《ぜ》無《む》上《じょう》呪《しゅ》　是《ぜ》無《む》等《とう》等《どう》呪《しゅ》
能《のう》除《じょ》一《いっ》切《さい》苦《く》
真《しん》実《じつ》不《ふ》虚《こ》

ゆえに、あなたは知るべきです。般若波羅蜜多は大いなる真言であり、大いなる悟りをもたらす真言であり、最上の真言であり、比類なき真言なのです。そのため、あらゆる苦しみを除くことができます。本質を受け止め、真摯に向き合っていけば、虚しさや苦しみは生じません。

故《こ》説《せつ》般《はん》若《にゃ》波《は》羅《ら》蜜《み》多《た》呪《しゅ》

即《そく》説《せつ》呪《しゅ》曰《わつ》

羯《ぎゃ》諦《てい》　羯《ぎゃ》諦《てい》　波《は》羅《ら》羯《ぎゃ》諦《てい》

波《は》羅《ら》僧《そう》羯《ぎゃ》諦《てい》　菩《ぼ》提《じ》薩《そ》婆《わ》訶《か》

般《はん》若《にゃ》心《しん》経《ぎょう》

さあ、般若波羅蜜多の真言を唱えましょう。

ギャーティ　ギャーティ
ハラギャーティ
ハラソウギャーティ
ボジソワカ

これが、般若心経です。

第3章　般若心経を知る

1. 般若心経の教えとは

摩《ま》訶《か》般《はん》若《にゃ》波《は》羅《ら》蜜《み》多《た》心《しん》経《ぎょう》

観《かん》自《じ》在《ざい》菩《ぼ》薩《さつ》

行《ぎょう》深《じん》般《はん》若《にゃ》波《は》羅《ら》蜜《み》多《た》時《じ》

照《しょう》見《けん》五《ご》蘊《うん》皆《かい》空《くう》　度《ど》一《いっ》切《さい》苦《く》厄《やく》

ここでは、般若心経がどのようなことを説いたお経であるかについて説明しています。これは、般若心経を読み進めていく上で重要なポイントとなります。

摩訶

まか

「摩訶《まか》」とは、古代インドのサンスクリット語「マハー」に漢字を当てはめたもので、〝大きな・偉大な〟〝優れている・神秘的〟という意味があります。

私たちがよく知っている「一休さん」のモデルとなった一休禅師は、「摩訶とは、すべてを包み込む大きな心。その心を得るためには、生きていく中でいつの間にか知り得てしまった損得や善悪など、自分勝手に考える小さな心をすべて捨てること」と説いています。

般若

はんにゃ

「般若《はんにゃ》」とは〝悟りを得るための智慧〟という意味で、プラークリット語の「パンニャー」が元になっています。

〝智慧〟は、私たちが日常でよく使う〝知恵〟とは次元の異なるものです。知恵が、学校や世間で習う知識のようなものであるのに対し、智慧は単なる知恵を越えた、悟りに到るための叡智ともいうべきすばらしく大きなものです。

波羅蜜多

はらみた

　これは、彼岸《ひがん》（波羅《はら》）に到る（蜜多《みた》）という意味です。〝智慧の完成〟によって、私たちは迷いや煩悩に捉われやすいこの世（此岸《しがん》）から、苦しみのない理想の世界（あの世…彼岸）へ到達できるのです。

　日本には、「彼岸会《ひがんえ》」があります。春と秋の中日に供養をすることで、ご先祖様は極楽浄土（悟りの世界）に行くことができると考えられていますが、これは「波羅蜜多《はらみた》」から来たものと言われています。

心経

しんぎょう

「心《しん》」とは〝中心・核心〟という意味で、「経《ぎょう》」とは〝お経・教え〟のこと。「摩訶・般若・波羅蜜多・心経」で、〝大いなる智慧の完成により、理想の世界へいくための真髄を教えているお経〟という意味になります。

苦しみのない心安らかな世界へ、いかにすればたどり着けるのか、その道しるべとなるものが「般若心経」なのです。

観自在菩薩《かんじざいぼさつ》

「観自在《かんじざい》」とは、先入観や偏見にとらわれずに自由自在にものをみる（観る）ことができるということ。「菩薩《ぼさつ》」とは、悟りを目指して修行を続けている仏様のことです。

観自在菩薩（観音様）は、般若心経の主人公です。修行をしながら、生きとし生けるあらゆるものの悩みや苦しみ、助けを求める声を聴いて、何が一番大切なのかを見極め、正しく導いてくれる存在です。

行深般若波羅蜜多時

ぎょうじんはんにゃはらみたじ

「行深《ぎょうじん》」とは何度も繰り返し修行を続けることで、「般若波羅蜜多《はんにゃはらみた》」とは悟りの世界に至ること。これは、観自在菩薩（観音様）が〝智慧の完成〟のために修行を行っていたとき、という意味になります。

ここでいう修行とは、自身の修行だけでなく他の人々を助けること。私たちでも実践することができる身近なことなのです。

解説

六つの修行——六波羅蜜

般若心経では、六つの修行を繰り返すことで、智慧を磨くことができると説いています。この修行のことを「六波羅蜜《ろくはらみつ》」といいます。六波羅蜜には次のものがあります。

「布施《ふせ》」……見返りを求めずに、相手に施すこと

「持戒《じかい》」……戒律を護持すること

「忍辱《にんにく》」……物事の本質をしっかりとおさえて、困難に耐え

ること

「精進《しょうじん》」……自分の限界を決めずに、努力を続けること

「禅定《ぜんじょう》」……どんな場面でも心を平静に保ち、雰囲気に流されないこと

「智慧《ちえ》」……五つの波羅蜜（布施・持戒・忍辱・精進・禅定）を実践することで身につく心のこと

これらは相互関係にあり、五つの波羅蜜を磨くことで「智慧」を身につけることができますし、「智慧」があるからこそ他の五つの波羅蜜を磨くことができます。

照見五蘊皆空

しょうけんごうんかいくう

目の前で起こっている事象をただ見るのではなく、その物事の本質まで意識して注意深く観るのが「照見《しょうけん》」です。一方「五蘊《ごうん》」とは、私たちの肉体と精神のすべて、すなわち人間の心身を成り立たせている要素のことです。

観自在菩薩（観音様）は、〝智慧の完成〟（悟りをひらく）に至ったときにすべてが〝空《くう》〟であるとわかったのです。

解説

人間をつくる五つの要素

自我の存在を説かない仏教では、人間を成り立たせている要素を、「五蘊《ごうん》」と呼んでいます。五蘊は、「色・受・想・行・識」の五つから成ります。

「受」……感覚
「想」……知覚

「行」……意志
「識」……理解
「色」……肉体・形のあるもの

「色」以外の四つの要素は、すべて精神に関するものです。

つまり、私たちは心を安定させることができれば、幸せに毎日を送ることができるのです。

度一切苦厄

どいっさいくやく

観自在菩薩（観音様）は修行を通して、すべてのものは〝空《くう》〟であると悟ることで、一切の苦しみや災難から救われ、理想の世界へと到達できました。「四苦八苦する」という言葉がありますが、これは仏教用語である四苦（生・老・病・死といった誰もが避けられない苦しみ）、八苦（四苦に、愛する者との別れや、嫌いな人との出会い、求める物が得られないこと、人間の肉体と精神が思うがままにならないことの苦しみを合わせたもの）から来ています。

2.〝空〟とは何か

舎利子《しゃりし》　色不異空《しきふいくう》　空不異色《くうふいしき》
色即是空《しきそくぜくう》　空即是色《くうそくぜしき》
受想行識《じゅそうぎょうしき》　亦復如是《やくぶにょぜ》
舎利子《しゃりし》　是諸法空相《ぜしょほうくうそう》
不生不滅《ふしょうふめつ》　不垢不浄《ふくふじょう》　不増不減《ふぞうふげん》

ここでは、主人公である観自在菩薩（観音様）が舎利子（シャーリプトラ）に対して、〝空《くう》〟とは何かについて説明しています。

舎利子《しゃりし》

お釈迦《しゃか》様の弟子の一人、シャーリプトラ（舎利子）は頭脳明晰で、理解力も抜群でした。さらに謙虚で誠実な人柄に、お釈迦様からも厚い信頼を得ており、右腕とも言われた人です。

観自在菩薩（観音様）が舎利子に、〝物の存在〟について説きはじめます。

般若心経は、観自在菩薩が、質問をした舎利子に答えるように語りかけたものとされています。それは、修行をしている弟子や悩み苦しむ私たちへの言葉でもあるのです。

色不異空　空不異色

しきふいくう　くうふいしき

「色《しき》」は〝空《くう》〟と異ならず、〝空〟は「色」と異ならず。つまり、「色」も〝空〟も同じものなのです。

「色」とは、赤や黄といった色彩のことではありません。形ある実体（物質）のことです。私たちの体も海などの自然も常に変化しており、一瞬たりとも同じ状態にとどまることはありません。世の中のすべてのものは実体がない〝空〟なのです。

解説

すべては〝空〟である

インドには、「聖なる川」と呼ばれているガンジス川があります。多くの人々が沐浴《もくよく》をしている光景を目にすると、「名前のとおり神聖な川だ」と私たちは感じるでしょう。しかし、衣服を洗っていたり、動物の死骸が流れている光景を目にしたら、どうでしょう。全く異なる感想を持ちませんか？

私たちが、たとえどのような感情を持ったとしても、川は川としてそこに存在しているという事実は変わりません。つまり、物の見え方は、私たちの心が決めているのです。

「きっと綺麗だろう」「汚いに決まっている」などといった先入観や思い込みがあると、本来の姿が見えなくなってしまいます。その物のありのままの姿を見ること、これが〝空《くう》〟なのです。

色即是空　空即是色

しきそくぜくう　くうそくぜしき

「色《しき》」はすなわち〝空《くう》〟であり、〝空〟はすなわち「色」である。ひとつ前の「色不異空　空不異色」と意味は同じです。

永久不滅なものなどありません。すべてのものは〝空〟です。〝空〟が色という仮の姿となって、一時的にこの世に存在しているだけなのです。

受想行識

じゅそうぎょうしき

私たち人間は、「五蘊《ごうん》」という五つの要素によって構成されています。「色《しき》」という形ある実体（＝肉体）、そして「受・想・行・識」という四つの心の働きです。

「受」は〝感覚〟で、何かを感じること。「想」は〝知覚〟で、心に思い浮かべて認識すること。「行」は〝意志〟で、心を動かし意識すること。「識」は〝理解〟で、物事を判断・理解することです。

亦復如是

やくぶにょぜ

「亦復《やくぶ》」は〝また〟、「如是《にょぜ》」は〝かくのごとし〟。つまり、〝〜も同様である〟という意味です。

すべてのもの（物質）は変化し続けており、実体がありません。しかし、心の働きである「受・想・行・識」もまた、色《しき》と同様に実体がない〝空《くう》〟であると説いています。

舎利子　是諸法空相

しゃりし　ぜしょほうくうそう

観自在菩薩（観音様）は、ここで再びシャーリプトラ（舎利子）に語りかけます。この世のあらゆる存在（＝諸法《しょほう》）は「空相《くうそう》」であると。

世の中のすべてのもの、すべての現象は、実体のない仮の姿で夢幻のごときものだという無常の思想があります（諸行無常）。私たちはその実体のない仮の姿、仮の世を真実なもの、永遠なものと勘違いして、捉われ執着して迷っていますが、それははかない夢幻、泡影のようだと諭しているのです。

不生不滅

ふしょうふめつ

「不生不滅《ふしょうふめつ》」とは、生ずることも滅するもない、つまり〝生も死もない〟ということです。

生と死は、人生最大の出来事です。生を喜び死を悲しむことは自然なことですが、これもまた絶対的なものではなく、人間がつくり出した感情なのです。すべてのものは〝空《くう》〟です。実体がないのですから、生じたり滅したりすることはないのです。

不垢不浄

ふくふじょう

「不垢不浄《ふくふじょう》」とは、〝汚いも清らかもない〟ということです。年季の入った工具を見て、「味がある」と感じる人もいれば、「古くて汚い」と感じる人もいます。しかし、どちらも同じ工具です。

きれいか汚いかは、見る人によって変わります。そして、あらゆるものが〝空《くう》〟なのですから、汚れるとか清いということはそもそもありえないのです。

第３章　般若心経を知る

不増不減

ふぞうふげん

「不増不減《ふぞうふげん》」とは、〝増も減もない〟ということです。

これも同様に、あらゆるものは〝空《くう》〟なのですから、増したり減ったりするということはありえないわけです。

私たちは日常生活において減った増えたと一喜一憂しがちですが、そこに執着することは愚かなことなのです。

3. 難しい考え方はやめよう

是《ぜ》故《こ》空《くう》中《ちゅう》無《む》色《しき》　無《む》受《じゅ》想《そう》行《ぎょう》識《しき》
無《む》眼《げん》耳《に》鼻《び》舌《ぜっ》身《しん》意《い》　無《む》色《しき》声《しょう》香《こう》味《み》触《そく》法《ほう》
無《む》眼《げん》界《かい》　乃《ない》至《し》無《む》意《い》識《しき》界《かい》
無《む》無《む》明《みょう》　亦《やく》無《む》無《む》明《みょう》尽《じん》
乃《ない》至《し》無《む》老《ろう》死《し》　亦《やく》無《む》老《ろう》死《し》尽《じん》
無《む》苦《く》集《しゅう》滅《めつ》道《どう》　無《む》智《ち》亦《やく》無《む》得《とく》　以《い》無《む》所《しょ》得《とく》故《こ》

般若心経は、大乗仏教の根本原理を説いたお経です。それまでの仏教（上座部《じょうざぶ》仏教）の難しい考え方を否定しています。

是故空中無色

ぜこくうちゅうむしき

「これ故に、空《くう》の中には色《しき》は無し」。つまり、この世のすべてのもの（色）は実体のない〝空〟なのです。

「色」や「受・想・行・識」といった心の働き、「生まれる・滅する」「汚い・清い」「増える・減る」などといったものはすべて存在しないのです。

解説

考えの違う二つの仏教

仏教には、「上座部仏教《じょうざぶ》」と「大乗仏教《だいじょう》」があります。

上座部仏教は、苦行を成し遂げたごく一部の選ばれた者だけが、心理に到達できると説いた教えです。その教えは非常に難解であるため、個人の努力や能力によって差が生まれてしまいます。

一方の大乗仏教は、特定の人だけでなく、誰もが等しく救われると説いた教えです。修行は一生行うものであり悟り切ることはなので、ゴール（真理への到達）は存在しないとしています。

般若心経は、大乗仏教の根本原理〝空《くう》〟を説いたお経です。般若心経には「無」が二十一回も出てきますが、これには、それまで主流だった上座部仏教を否定する意味が込められているのです。

無受想行識

むじゅそうぎょうしき

これは、「受《じゅ》・想《そう》・行《ぎょう》・識《しき》」という考え方は存在しないという意味です。

上座部仏教では、人間は「受・想・行・識」そして「色《しき》」という五つの要素（五蘊《ごうん》）から成り立っているとしています。

般若心経の説く大乗仏教では、あらゆるものは常に固定されたものではなく、移り変わりながら存在しており、そのすべては〝空《くう》〟であると説いています。

無眼耳鼻舌身意

むげんにびぜつしんい

「眼《げん》・耳《に》・鼻《び》・舌《ぜつ》・身《しん》」とは、人間の五感のこと。ここに、心である「意《い》」を加えたものを「六根《ろっこん》」と呼びます。六根は、人間には目や耳、鼻や舌、身体や心といった六つの感覚器官があるとする考え方です。

五蘊《ごうん》が存在しないのですから、六根もまた存在しないと、重ねて否定しているのです。

無色声香味触法

むしきしょうこうみそくほう

目や耳、鼻や舌、身体や心といった人間の感覚器官である六根《ろっこん》で感じるものを、「六境《ろっきょう》」といいます。六境には、色・声・香り・味・体で感じること（触）・心が感じること（法）があります。

六根が存在しないのですから、そこから生じるものも存在しない、あり得ないとしています。

無眼界《むげんかい》
乃至無意識界《ないしむいしきかい》

「眼界《げんかい》」とは目で見て感じる世界、「意識界《いしきかい》」とは心で認識する世界のことです。

眼界や意識界のほかに、耳識界《にしきかい》・鼻識界《びしきかい》・舌識界《ぜっしきかい》・身識界《しんしきかい》を含めた「六識《ろくしき》」があるとされています。

「乃至《ないし》」は、○○から××までという意味なので〝眼界から意識界まで〟つまり目が感じるものから心が感じるものまで一切すべてが存在しないのです。

無無明

むむみょう

生きている限り、私たちは老いて死ぬことは避けられません。そこで、そこから逃れるために「なぜ老いて死ぬのか」→「生まれてきたからだ」→「では、なぜ生まれたのか」…などと原因をどんどんさかのぼったところ、最後にたどり着いたのが「無明《むみょう》」です。

無明とは〝真実に気づくことができない、人間の根源的無知〟のことです。

これもまた「無」であるというのです。

亦無無明尽

やくむむみょうじん

これは、「無明《むみょう》」がない（存在しない）ので、無明を消し去る（尽くす）必要はないという意味です。

皆、無明を消し去るために修行を重ね、悟りの境地（ゴール）を目指しますが、大乗仏教は悟りさえ〝空《くう》〟であると説きます。悟りにこだわる心を捨てることができれば、ラクに生きることができるのです。

乃至無老死

ないしむろうし

「老死《ろうし》」とは、老いて死ぬこと。これは、人間の苦しみや悩みがどのように生まれていくのかを十二段階に分けて表した「十二縁起（十二因縁）」のうちの一つです。

「十二縁起（十二因縁）」は「無明《むみょう》」から始まり、「行《ぎょう》・識《しき》・名色《みょうしき》・六入《ろくにゅう》・触《そく》・受《じゅ》・愛《あい》・取《しゅ》・有《う》・生《しょう》」そして「老死」で終わりますが、このすべてもまた存在しないのです。

亦無老死尽

やくむろうしじん

「また、老死《ろうし》を尽くすことも無し」。そのまま訳すと、〝老いる〟とか〝死ぬ〟という概念が存在しないということは、「老死」に至るまでの苦しみや悩み（十二因縁）を消し去る必要もないという意味です。

言い換えれば、老いや死というものに執着しなければ、心穏やかに生きることができるのです。

無苦集滅道《むくしゅうめつどう》

上座部仏教の教えの中に、「四諦《したい》」というものがあります。〝諦〟は明らかにするという意味なので、四つの明らかにされたことという意味になります。それが「苦《く》・集《しゅう》・滅《めつ》・道《どう》」です。

「苦」は人生の苦しみ、「集」はその原因である迷いの集積、「滅」はその迷いを消すこと、「道」は迷いを消すための方法です。大乗仏教では、これらの四諦もまた存在しないと言います。

無智亦無得

むちやくむとく

「智《ち》」とは智慧のことで、「得《とく》」とは自分のものにするということ。これは〝智慧も、智慧から得ることもない〟という意味です。

智慧を得ようとすれば、それはこだわりや執着心を生みます。しかし、〝自分はもう智慧を得た〟と満足してしまえば、それ以上何も得られなくなってしまいます。大乗仏教では、一生が修行です。終わりがないので、そのようなことにこだわる必要はないのです。

以無所得故

いむしょとくこ

「無所得《むしょとく》」とは、悟りを得ようとする心がないこと。「以《い》」は〝もって〟、「故《こ》」は〝◯◯なので〟という意味なので、〝見返りを求めない心を持っているので〟という訳になります。

ちなみにこの一文は、ひとつ前の「無智亦無得《むちやくむとく》」につながるという説と、後の「菩提薩埵《ぼだいさった》」にかかるという説があります。

4. ラクになる方法とは

菩《ぼ》提《だい》薩《さつ》埵《た》　依《え》般《はん》若《にゃ》波《は》羅《ら》蜜《み》多《た》故《こ》

心《しん》無《む》罣《けい》礙《げ》　無《む》罣《けい》礙《げ》故《こ》　無《む》有《う》恐《く》怖《ふ》

遠《おん》離《り》一《いっ》切《さい》顛《てん》倒《どう》夢《む》想《そう》　究《く》竟《ぎょう》涅《ね》槃《はん》

三《さん》世《ぜ》諸《しょ》仏《ぶつ》　依《え》般《はん》若《にゃ》波《は》羅《ら》蜜《み》多《た》故《こ》

得《とく》阿《あ》耨《のく》多《た》羅《ら》三《さん》藐《みゃく》三《さん》菩《ぼ》提《だい》

ここでは、〝智慧の完成〟を目指せば、悩みや苦しみに怯えることなく穏やかに毎日を過ごすことができるようになると説いてます。

菩提薩埵《ぼだいさつた》

「菩提薩埵《ぼだいさった》」は〝菩薩《ぼさつ》〟の正式名称で、サンスクリット語の「ボーディサットヴァ」が元になっています。

「菩薩」とは、悟りを求めて修行に励む人という意味です。菩薩は、すでに悟りを終えた仏や如来ではなく、現実の世界で人々を救いながら修行を続けています。例えば、般若心経の主人公である観音菩薩や、「三人よれば文殊の知恵」ということわざのもとになった文殊菩薩など、多くの菩薩がおられます。

依般若波羅蜜多故

えはんにゃはらみたこ

「般若波羅蜜多《はんにゃはらみた》」とは、〝智慧の完成〟（苦しみのない世界へ到達すること）を意味します。ここに「依《え》」「故《こ》」という言葉が加わり、〝智慧の完成〟のための修行を行ったので、という意味になります。

〝智慧の完成〟には、六波羅蜜（修行）の実践が必要です。結果にこだわるのではなく、努力を続けることが大切です。

心無罣礙

しんむけいげ

「罣礙《けいげ》」とは、さまたげやこだわりのこと。つまり、心にこだわりがないということです。

これは、どのような状況であっても、執着することのない状態をいいます。例えば病気になったとき、失望することなくその状況を受け入れたり、向き合えたりすることができる心です。

無罣礙故　無有恐怖

むけいげこ　むうくふ

心にこだわり（罣礙《けいげ》）がないので、恐怖に怯えることもなくなったという意味です。

修行に励んできた菩薩たちは、智慧を完成させ、苦しみのない世界へ到達しました。心にこだわりはないので、迷うこともありませんし、恐怖に怯えることもないのです。

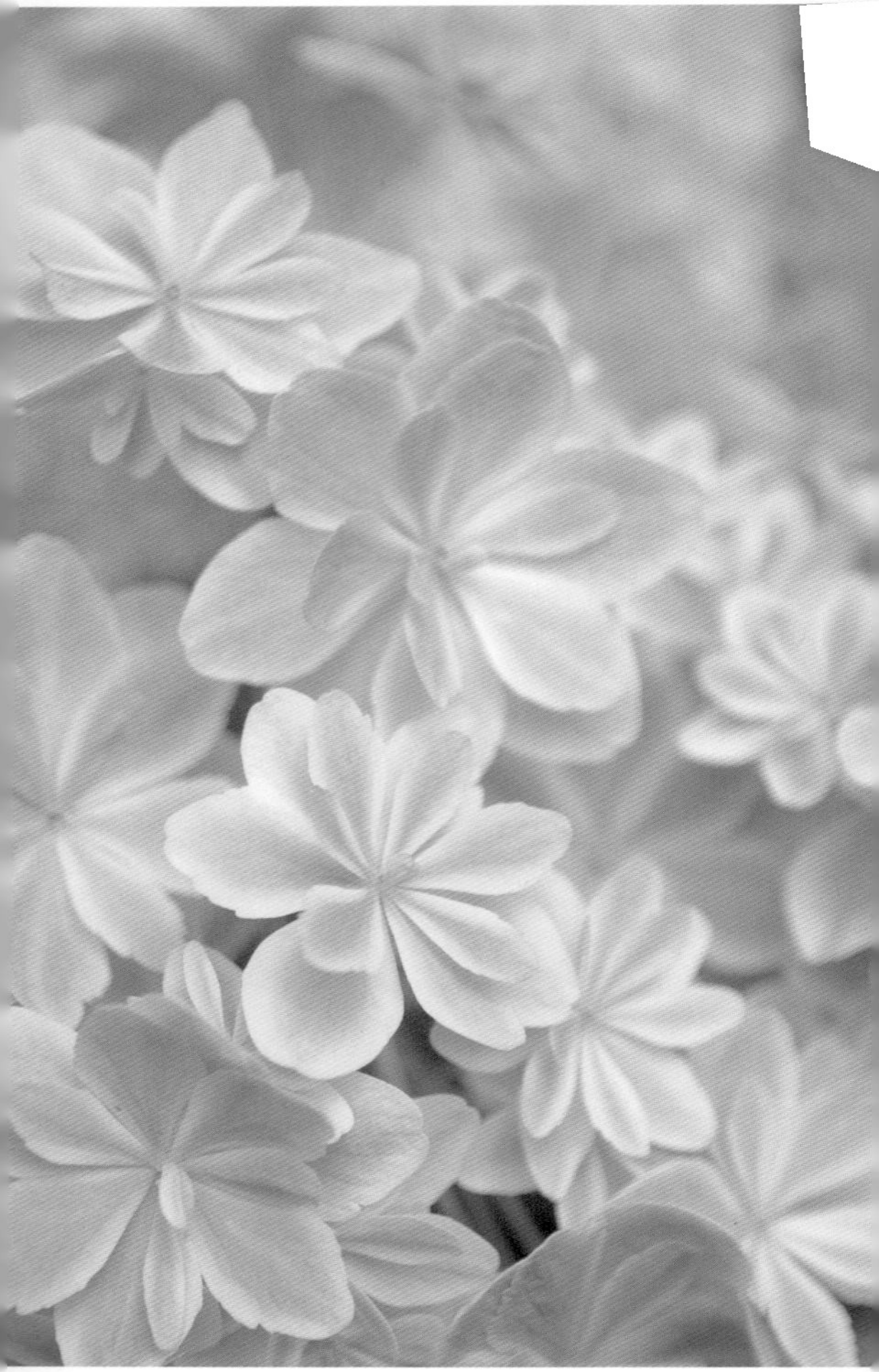

遠離一切顛倒夢想

おんりいっさいてんどうむそう

「顛倒《てんどう》」とは、物事をひっくり返して見ることです。「夢想《むそう》」とは、今起こっていることを「そんなはずはない」と否定したり、「こうだったらいいのに」と夢のようなことを考えることです。

一切の「顛倒」と「夢想」から遠く離れ、現実をありのままにまっすぐ受け止めて、穏やかな心で生きていくことが大切なのです。

解説

物事をひっくり返して見る

「顚倒《てんどう》」には、ひっくり返すという意味があります。では、一体どのような見方が顚倒なのでしょうか。

顚倒には、四つの種類（四顚倒《してんどう》）があります。世の中は常に変化しているのに、不変であると信じる「常顚倒《じょうてんどう》」。先のことを考えれば苦しみの原因となるのに、楽しいことだと捉える「楽顛倒《らくてんどう》」。執着する自分などないにもかかわらず、自分にこだわる「我顛倒《がてんどう》」。うわべだけ見て美しいと判断する「浄顛《じょうてん》倒《どう》」。

現実を受け止めず、逆の状況を想像することだけにとらわれている（誤解する）見方、これが顛倒です。心にこだわり（罣礙《けいげ》）がなくなれば、まっすぐに物を見ることができるようになるはずです。

究竟涅槃

くぎょうねはん

「究竟《くぎょう》」とは、完全に極めるという意味です。また「涅槃《ねはん》」とは、サンスクリット語で〝吹き消す〟という意味です。

「究竟涅槃」は、あらゆる煩悩を吹き消すと、どんなことにも揺るがない完全なる心の平安が訪れるということです。〝智慧の完成〟によって、執着も恐怖も間違った考えもすべて消えて心が自由自在になり、涅槃に行き着くことができるのです。

解説

知足の精神

私たちはつい、自分の希望や願望が叶うと幸せになれると想像してしまいますが、実はこれは誤った考え方です。

例えば、望んでいた収入が得られたとしたら、あなたは満足できるでしょうか？　そのうち、より多くの収入を手に入れたいという欲が湧いてこないでしょうか？　欲には際限がありません。欲がある限り、いつまでたっても心が満たされることはなく、平安は訪れないでしょう。

幸せになるためには、欲望を充足させるのではなく「足るを知る」心を持つことです。今あるものに満足し、感謝しながら大切に使っていく心が尊いのです。

まずは大きく深呼吸をして、ゆっくり自問してみましょう。

三世諸仏《さんぜしょぶつ》

「三世《さんぜ》」とは過去・現在・未来のことで、そこに存在するすべての仏様が「諸仏《しょぶつ》」です。

仏様とは〝悟りに至った者〟のことで、サンスクリット語で「ブッダ」と言います。

よく知られている仏様としては、未来仏である「弥勒菩薩《みろくぼさつ》」などです。五十六億七千万年後の未来に姿を表し、衆生《しゅじょう》（あらゆる生き物）を救うと言われています。

依般若波羅蜜多故　得阿耨多羅三藐三菩提

えはんにゃはらみたこ　とくあのくたらさんみゃくさんぼだい

「阿耨多羅三藐三菩提《あのくたらさんみゃくさんぼだい》」は、サンスクリット語の「アヌッタラ　サムヤックサンボーディ」が元になっており、〝苦のない理想の世界に到達した〟という意味です。

般若波羅蜜多《はんにゃはらみた》の実践により、すべての仏様は智慧を身につけ、ついに苦しみのない世界に到達することができたのです。

5.〝智慧の完成〟について

故《こ》知《ち》般若《はんにゃ》波《は》羅《ら》蜜《み》多《た》

是《ぜ》大《だい》神《じん》呪《しゅ》　是《ぜ》大《だい》明《みょう》呪《しゅ》

是《ぜ》無《む》上《じょう》呪《しゅ》　是《ぜ》無《む》等《とう》等《どう》呪《しゅ》

能《のう》除《じょ》一切《いっさい》苦《く》

真《しん》実《じつ》不《ふ》虚《こ》

さあ、あらゆる苦しみから解放される〝智慧の完成〟のためのすばらしい真言（マントラ）を唱えましょう！

故知般若波羅蜜多

こちはんにゃはらみた

「故知《こち》」とは、〝ゆえに知るべき〟という意味です。「般若波羅蜜多《はんにゃはらみた》」つまり〝智慧の完成〟のすばらしさがもうわかりましたねと、私たちに問いかけているのです。

ここから以降は、般若波羅蜜多は〝真言《しんごん》（マントラ）〟で表すことができると説明しています。

是大神呪

ぜだいじんしゅ

「神《じん》」は神様ではなく、〝すばらしい〟という意味です。よって、「大神《だいじん》」で〝大変すばらしい〟という意味になります。「呪《しゅ》」とは真言《しんごん》のことです。神聖な力が宿っている言葉のことで、サンスクリット語で「マントラ」と呼ばれています。

つまり「是大神呪《ぜだいじんしゅ》」は、〝悟りに至るための智慧は、大変すばらしい真言（マントラ）である〟となります。

是大明呪《ぜだいみょうしゅ》

「大明《だいみょう》」とは、〝とても明るい〟〝はっきりと正しく見える〟という意味です。つまり、般若波羅蜜多《はんにゃはらみた》は、物事を大いに明らかにする真言《しんごん》（マントラ）なのです。

ともすると、「般若波羅蜜多」自体が真言であるかのように解釈してしまいがちですが、〝真言で表すことができる〟というのが本来の意味です。

是無上呪

ぜむじょうしゅ

〝それ以上、上はない真言《しんごん》（マントラ）である〟という意味です。

なお、無上と最上はともに「最上級」を意味する言葉ですが、概念としては大きく異なります。最上は、決められた範囲の中で一番上というものですが、無上は、決められた範囲も到達点も存在しません。〝上がない〟と表現することで、〝もっとも上〟を表わしているのです。

是無等等呪

ぜむとうどうしゅ

「無等等」とは、〝同じものはない〟〝比較できない〟という意味なので、〝般若波羅蜜多《はんにゃはらみた》は、他に比較するものがないほど優れた真言《しんごん》（マントラ）である〟となります。

このように、「大神《だいじん》」「大明《だいみょう》」「無上《むじょう》」「無等等《むとうどう》」と繰り返すことで、般若波羅蜜多（智慧の完成）のすばらしさを強調しているのです。

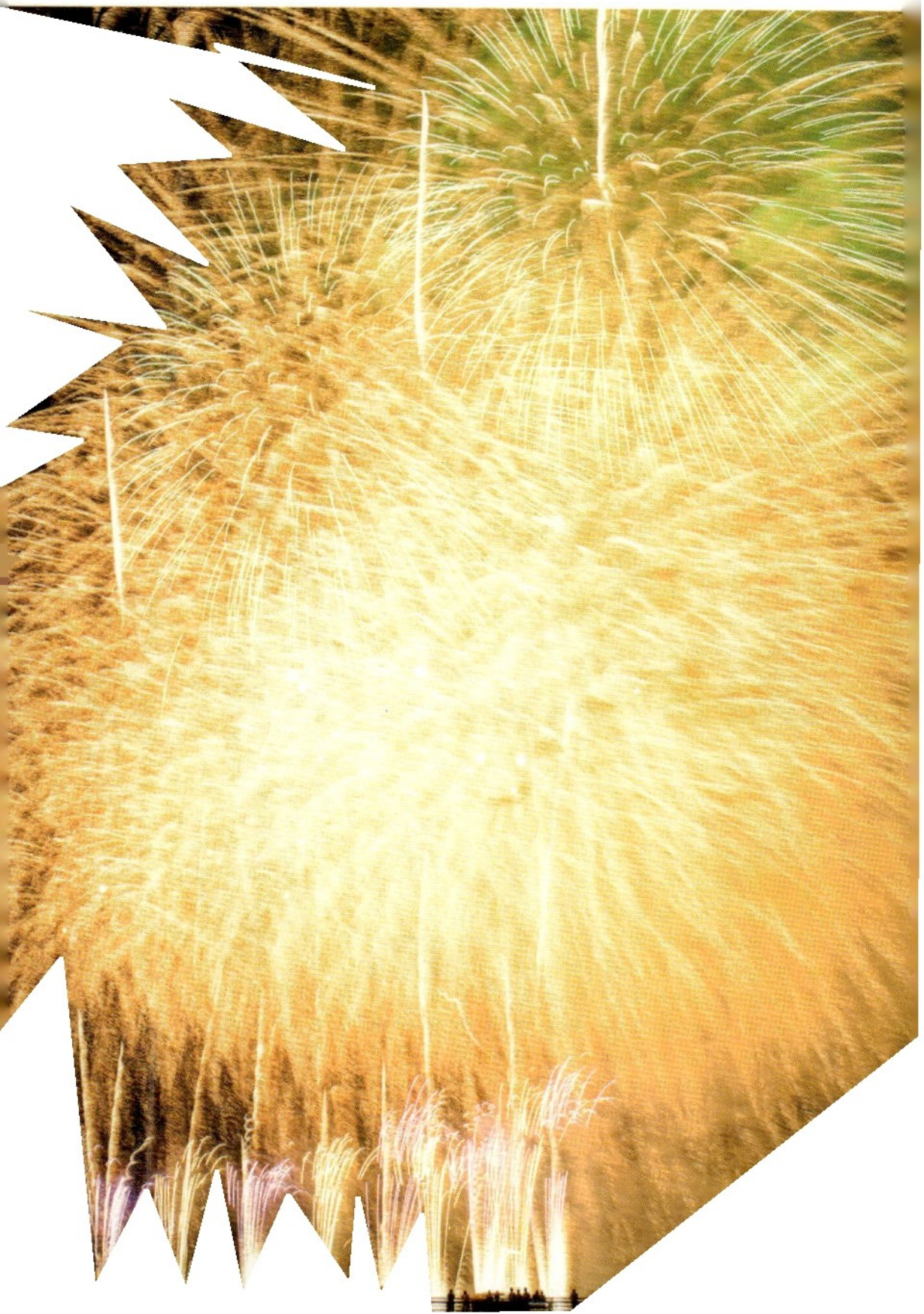

能除一切苦《のうじょいっさいく》

「能《のう》」は、〝能《よ》く〟。「除一切苦《じょいっさいく》」は、〝一切（すべて）の苦しみを取り除く〟という意味です。

私たち人間は、多くの苦しみや迷いを抱えながら生きています。これから紹介する般若波羅蜜多《はんにゃはらみた》の真言《しんごん》（マントラ）を唱えることで、そこから解き放たれますよというメッセージが、この一文には込められています。

真実不虚《しんじつふこ》

「真実《しんじつ》」は〝まこと〟、「不虚《ふこ》」は〝虚しくない〟という意味です。あるがままの本質を受け止め、与えられたものに真摯に向き合っていけば、虚しさや苦しみが生じることはないのです。

これは、真言《しんごん》（マントラ）を疑ったり、ただ口に出しているだけでは意味がないということです。真実の言葉であると信じ、気持ちを込めれば、文字どおり「真言」となり、あなたを救ってくれるでしょう。

6. 真言を唱えよう

故《こ》説《せつ》般若《はんにゃ》波羅《はら》蜜多《みった》呪《しゅ》　即《そく》説《せつ》呪《しゅ》曰《わつ》

羯諦《ぎゃてい》　羯諦《ぎゃてい》

波羅《はら》羯諦《ぎゃてい》　波羅《はら》僧《そう》羯諦《ぎゃてい》

菩提《ぼじ》薩婆訶《そわか》

般若《はんにゃ》心経《しんぎょう》

最後に、「ギャーティ　ギャーティ　ハラギャーティ…」と唱えれば、あなたも悟りの世界に行くことができると説いています。

故説般若波羅蜜多呪

こせつはんにゃはらみたしゅ

ここでは、真言《しんごん》（マントラ）の言葉の大切さやありがたさを理解した上で、実践することの大切さを説いています。真言は、ただ唱えるだけで智慧を完成させるだけの力があります。真言を唱えれば自ずと苦しみは消え、心が穏やかになるのです。

それでは、「般若波羅蜜多《はんにゃはらみた》（智慧の完成）」の真言を紹介しましょう。

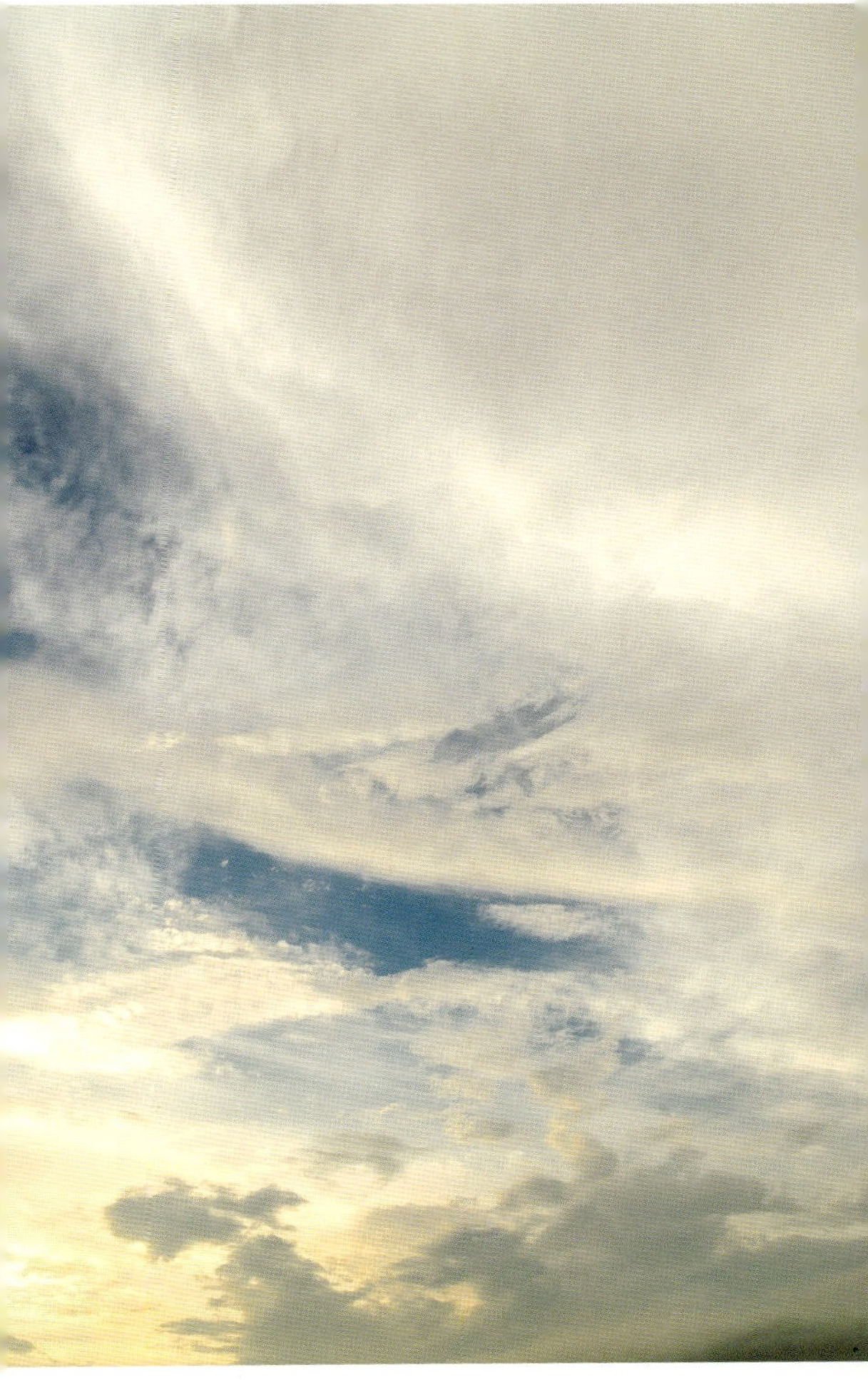

即説呪曰

そくせつしゅわつ

「呪《しゅ》」とは、真言《しんごん》（マントラ）のことです。「即《すなわ》ち真言に説いて曰《いわ》く」は、〝さあ、般若波羅蜜多《はんにゃはらみた》を真言にして唱えましょう〟〝では、真言を紹介します〟という意味になります。

あなたもこのすばらしい真言を唱えるだけで、苦しみのない世界に行くことができるのです。

羯諦　羯諦　波羅羯諦

ぎゃてい　ぎゃてい　はらぎゃてい

「羯諦《ぎゃてい》」とは、サンスクリット語をそのまま音訳した言葉です。これは、真言《しんごん》（マントラ）自体に力があるために、訳してしまうことで本来の力が損なわれてしまうと考えられたためです。

一般的には、〝往《い》ける者よ　往ける者よ　彼岸《ひがん》に往ける者よ〟と訳されています。

波羅僧羯諦

はらそうぎゃてい

この部分もまた、サンスクリット語を音訳した言葉です。一般的には〝まったき彼岸《ひがん》に往《い》ける者よ〟と訳されています。

「僧《そう》」とは僧侶のことではなく、〝ともに（＝まったき）〟を指します。皆で一緒に苦のない世界（彼岸）へ行きましょうと言っているのでしょう。

菩提薩婆訶
般若心経

ぼじそわか
はんにゃしんぎょう

一般的には〝幸あれ〟と訳されています。「菩提《ぼじ》」とは、煩悩を断ち切って悟りの境地に達した結果として智慧を得たということです。「薩婆訶《そわか》」とは、呪文の最後につける言葉で、「悟りの世界に往くことができてよかったね！」と言っています。

智慧の実践によって〝空《くう》〟の概念がわかると、私たちはすべてのこだわりや執着から解き放たれ、悩みや苦しみのない悟りの世界に往《い》くことができます。この教えを説き、導いてくれた仏様よ「ありがとう！」。これが、「般若心経」です。

第４章

般若心経を生活に取り入れる

般若心経を実践する

般若心経は、出だしにその真髄がすべて込められています。

観自在菩薩が一切の苦しみから逃れられたのは、修行を通して「すべてのものが〝空《くう》〟である」ことに気づいたからであると書かれています。

あなたも〝空〟を理解することができれば、穏やかな毎日を送ることができるでしょう。

〝空〟の思想を実践するには、本書を読んで意味を知るだけでなく、般若心経にくり返し触れることが重要です。毎朝、お経を唱えたり、心静かに写経をすることで、なにごとにもとらわれない自由な心になれるでしょう。

お経を読んでみよう

お経を読むことを、読経といいます。心を込めて唱えることで、功徳（ご利益）を得ることができますし、リラックス効果もあります。般若心経はリズムがよく、大変読みやすいお経です。

読経を行う場合は、次の手順で行います。

①準備……数珠・経本を用意する。
※本書六頁「般若心経全文」をご覧ください。
②身支度……手を洗い、口をすすぐ。
③場所……仏壇の前へ。なければ、
どこでも構いません。
④数珠を手にして合掌。
⑤鈴《りん》を鳴らす。なければ省略してよい。
⑥読経……姿勢を正し、丁寧に唱える。

⑦終わったら鈴を鳴らす。

息継ぎのタイミングに、特に決まりはありません。人によりさまざまなので、自分が一番読みやすい形で声に出してみましょう。なお、インターネットなどで僧侶による読経の動画や音声も手に入るので、参考にするのもいいでしょう。

お経を書いてみよう

お経を書き写すことを、写経といいます。写経はもともと修行であったり、印刷技術が発達していない時代にお経を広めるための手段の一つでした。

写経というと難しく、特別なことであるイメージがあるかもしれませんが、今では多くのお寺で写経会が行われており、誰でも気兼ねなく参加することができます。写経を行うことで功徳が得られ、心を調えることができます。

家庭で行う場合は、次のような手順で行います。

①道具の準備……筆か鉛筆、ノートや写経用紙を準備する。
②身支度……手を洗い、口をすすぐ。

③合掌して読経する。
④心を込めて写経。
⑤合掌する。

なお、一行目には経題、二行目以降は一行あたり十七字ずつ書き、最後の部分（羯諦羯諦……）のみ十八字とします。

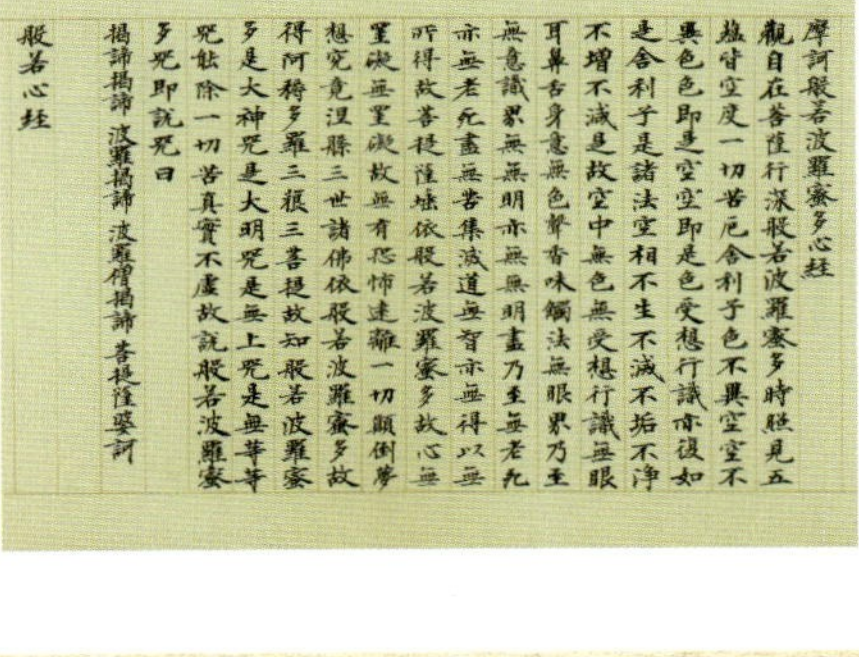
摩訶般若波羅蜜多心經
觀自在菩薩行深般若波羅蜜多時照見五
蘊皆空度一切苦厄舎利子色不異空空不
異色色即是空空即是色受想行識亦復如
是舎利子是諸法空相不生不滅不垢不淨
不增不減是故空中無色無受想行識無眼
耳鼻舌身意無色聲香味觸法無眼界乃至
無意識界無無明亦無無明盡乃至無老死
亦無老死盡無苦集滅道無智亦無得以無
所得故菩提薩埵依般若波羅蜜多故心無
罣礙無罣礙故無有恐怖遠離一切顛倒夢
想究竟涅槃三世諸佛依般若波羅蜜多故
得阿耨多羅三藐三菩提故知般若波羅蜜
多是大神呪是大明呪是無上呪是無等等
呪能除一切苦眞實不虚故說般若波羅蜜
多呪即說呪曰
羯諦羯諦 波羅羯諦 波羅僧羯諦 菩提薩婆訶
般若心經

[監修] 武山 廣道（たけやま こうどう）

1953年生まれ。73年、正眼専門道場入門。天下の鬼叢林（おにそうりん）といわれた正眼僧堂にて多年修行。96年4月、白林寺住職に就任。2011年3月、全国宗務所長会会長就任。12年、臨済宗妙心寺派宗議会議員・名古屋禅センター長・文化センター講師など宗門の興隆に勤しむ。

監修本に『心があったまる般若心経』『くり返し読みたい禅語』『禅語エッセイ』『お寺の教えで心が整う　禅に学ぶ　台所しごと』（すべてリベラル社）がある。

参考文献
『図解雑学 般若心経』（ナツメ社）
『知識ゼロからの般若心経入門』（幻冬社）
『こころの薬 苦しみを取り除く『般若心経』』
（イースト・プレス）
ほか

文　真下智子
装丁デザイン　田端昌良
本文デザイン　渡辺靖子（リベラル社）
編集　上島俊秀（リベラル社）
編集人　伊藤光恵（リベラル社）
営業　津田滋春（リベラル社）

編集部　鈴木ひろみ・堀友香
営業部　廣田修・青木ちはる・三田智朗・
三宅純平・栗田宏輔・髙橋梨夏・
中西真奈美・保田亮・榎正樹

写真提供　PIXTA

はじめて読む 般若心経

2017年7月28日 初版
2021年8月 2日 再版

編　集　リベラル社
発行者　隅田 直樹
発行所　株式会社 リベラル社
〒460-0008 名古屋市中区栄3-7-9 新鏡栄ビル8F
TEL 052-261-9101　FAX 052-261-9134
http://liberalsya.com
発　売　株式会社 星雲社（共同出版社・流通責任出版社）
〒112-0005 東京都文京区水道1-3-30
TEL 03-3868-3275

ISBN978-4-434-23615-0　C0015　21906